Das alles kannst Du selber machen:

W0062150

3

Botanisierköfferchen

1 leere Zigarrenkiste
Gummilitze
4 leere Streichholz-
schachteln
4 Holzperlen
Leinenband, 2 cm breit
farbiges „d-c-fix"
Pappe, Hefter

Verklebe die Schachteln miteinander und umklebe sie mit farbiger Folie.

Befestige an jeder Schublade mit Zwirn eine Perle

Für deine Abenteuerwanderungen brauchst du ein Botanisierköfferchen. Hier siehst du eine Möglichkeit, es zu basteln. Du kannst dir aber auch alles selbst ausdenken. Wichtig ist der Inhalt:
1 Taschenmesser mit Säge, 1 Lupe, 1 Schere, 1 Löffel (für Ausgrabungen), Schnur, Bleistift und Notizblock, Heftpflaster, kleine Dosen und Schachteln als Sammelbehälter und natürlich dieses Bastelbärheft.

An der inneren Rückwand der Zigarrenkiste werden die Sammelbehälter angeordnet, auf der Innenseite des Deckels Schere, Taschenmesser, Lupe, Bleistift und Heftpflaster.

1. Schneide Pappstreifen in der entsprechenden Größe und beklebe sie mit „d-c-fix".

2. Auf den Pappstreifen wird die Gummilitze so festgeklammert, daß passende Schlaufen für „Werkzeug" und Behälter entstehen.

4

Hefter
Gummilitze Schlaufe
Pappstreifen
Heftklammer

6. Lege das Leinenband rund um die Kiste und klammere es unten und an den Seiten fest.

Löffel Schlaufe

3. Beklebe die Zigarrenkiste innen und außen mit „d-c-fix".

4. Klebe die Pappstreifen und das Schubladenschränkchen in die Kiste.

5. An einer Seitenwand wird außen noch eine Schlaufe für den Löffel festgeklammert.

5

Trageband

Zigarrenkiste

Löffel
Schlaufe

Schubladenschränkchen

Schlaufen für
Sammelbehälter

Schlaufen für
Taschenmesser,
Lupe, Schere, Bleistift

Hülle für
Heftpflaster

6

Pflanzenpresse

2 Sperrholzbrettchen
(18 x 18 cm, 6 mm)
4 Gewindeschrauben
(3 cm lang)
4 Flügelmuttern
4 Unterlegscheiben
1 flache Zigarrenkiste
Gummilitze, Leinenband
2 Drahtösen, Klebstoff
farbiges „d-c-fix"
1 Löschpapierheft

1. Lege die beiden Brettchen genau aufeinander und presse sie mit einer Zwinge zusammen. So können sie nicht verrutschen, wenn du in jede Ecke ein Loch bohrst.

2. Beklebe die Brettchen und die Zigarrenkiste mit „d-c-fix".

3. Klammere zwei Gummischlaufen für den Bleistift und die Schere an der Innenseite des Deckels fest.

4. Klebe die Zigarrenkiste auf ein Brettchen – gut antrocknen lassen!

5. Lege die beiden Brettchen genau aufeinander und stecke durch die Löcher je eine Gewindeschraube. Auf das Gewindeende kommt erst eine Unterlegscheibe und dann eine Flügelmutter.

6. Befestige mit je einer Drahtöse an zwei Schraubenköpfen das Leinenband als Tragegurt.

Zigarrenkiste

Gewindeschraube

Brettchen

Flügelmutter
Unterlegscheibe

Tragegurt

Drahtöse

Löschpapierheft

7. Lege zwischen die Brettchen das Löschpapierheft.

Wenn du eine Pflanze pressen willst, schneide sie mit der Schere sorgfältig ab. Lege sie zwischen zwei Löschpapierseiten. Ziehe die Flügelmuttern fest an und laß deine „Schätze" einige Tage trocknen. Dann kannst du damit basteln oder ein kleines „Herbarium" anlegen.

Rindenschiffchen

Rinde, Äste, Blätter
Zapfen, Eicheln, Schnur
Taschenmesser

2. Schnitze zuerst die äußere Form aus der Rinde.

Hast du dein Rindenschiffchen fertig, brauchst du nur noch einen Teich, einen Bach oder eine Pfütze. Ahoi, kleines Schiffchen, und guten Wind!

1. Zeichne mit dem Bleistift die Schiffchenform auf das Rindenstück.

3. Höhle das Schiffchen vorsichtig aus. Achte darauf, daß kein Loch in den Boden kommt!

4. Bohre ein kleines Loch in den Steg und stecke einen kleinen Ast als Mast hinein.

5. Binde den Mast mit der Schnur fest und klemme sie an Bug und Heck in einem Schlitz fest.

Schnur

Mast

Steg

Schlitz

Schlitz

"Bug"

"Heck"

6. Ein Blatt, ein Stückchen Rinde oder ein Stück Papier wird das Segel. Ein kleiner Kapitän steuert das Boot sicher über alle Pfützenmeere.

Waldgeister

**Wurzeln, Äste, Holzstücke
Taschenmesser, Plaka-Farbe**

1. Schneide quer in jedes
Astende eine Kerbe.

2. Ritze längs schmale
Streifen bis zur Kerbe.

Kobolde, Zwerge und Elfen wohnen im Wurzel-
schatten der Bäume und tanzen in den Strahlen
der Sonne, die durch das Blätterdach auf den
Waldboden scheint. Nur ganz selten zeigen sie
sich dem Menschen. Deshalb bastle dir deine
eigenen Waldgeister. Durchstöbere den Wald nach
seltsam geformten Wurzeln, Ästen oder Holz-
stücken. Betrachte sie aufmerksam und versuche,
sie durch Schnitzen und Bemalen in Waldgeister
zu verzaubern.

3. Löse die Streifen und rolle sie vorsichtig auf.

4. Bohre ein Loch für die Nase in den Kopf. Stecke einen kleinen Ast hinein.

5. Schneide zwei Kerben als Augen und eine Kerbe als Mund hinein. Drücke kleine Steine als Pupillen in die Augenschlitze.

Windräder

Buntpapier oder
farbiges „d-c-fix"
Blumendraht, Holzperlen
Bleistift, Schere

2. Schneide verschieden
große Quadrate aus
Buntpapier.

Viele kleine bunte Windräder sind schnell
gebastelt. Nimmst du wasserfestes „d-c-fix", kannst
du deinen Windradbaum zum Erstaunen der
Spatzen auch in den Garten stellen.

1. Suche dir im Wald einen schönen verzweigten
Ast. Du kannst ihn durch Schnitzereien verzieren
oder anmalen.

3. Verbinde die Ecken
mit Bleistift.

4. Die Linien bis zur
Hälfte einschneiden.

15

5. Befestige eine Perle an einem Stück Blumendraht.

6. Falte alle 4 Ecken des Papiers nach innen auf den Mittelpunkt.

7. Stecke den Blumendraht durch alle Ecken und durch die Papiermitte.

8. Stecke eine Perle von hinten dagegen und klemme sie mit dem Draht so fest, daß sich das Rädchen noch leicht drehen kann.

9. Befestige die Windrädchen mit dem Blumendraht an den Ästen deines Windradbaumes.

16

Achte darauf, daß
die Windrädchen sich
drehen können,
mach die
Pusteprobe!

Wanderstock

Haselnußstock
Taschenmesser

1. Schneide in die Rinde mit dem Messer Ringe.

2. Schneide zwischen zwei Ringe einen Schlitz. Überspringe immer zwei Ringe.

3. Löse die Rindenteile zwischen zwei Ringen vom Stock.

Auf deiner Entdeckungsreise durch Wald und Flur wird dir ein Wanderstock gute Dienste leisten. Du kannst dich auf ihn stützen, mit seiner Hilfe einen Bach überspringen, in einem Busch herumstochern oder dich gegen einen „Drachen" wehren…
Suche einen Haselstrauch, er hat die schönsten geraden Stöcke. Damit es ein Prunkstock wird, verziere ihn mit Schnitzereien.

Hier siehst du verschiedene Schnitzmuster – denke dir auch selber welche aus.

Flitzebogen und Pfeile

Haselnußstock
(1,50 cm lang, 1,5 cm dick)
dünne Haselstöcke, Federn
Schnur, Taschenmesser

1. Schneide die dünnen Haselstöcke alle auf 50 cm Länge. Das dickere Ende ist vorn.

2. Schneide die Federn wie auf der Zeichnung zurecht.

3. Befestige je eine Feder mit Schnur am dünnen Ende des Haselstocks.

4. Schnitze in dieses Ende eine Kerbe.

Das beste Holz für Flitzebogen hat der Haselnuß-strauch. Suche dir für die Pfeile mehrere dünne gerade Zweige und Federn und für den Bogen einen geraden Zweig. Eine wichtige Indianerregel darfst du niemals vergessen: Ziele auch aus Spaß nie auf einen Menschen oder ein Tier!

5. Umwickle den Bogenstock in der Mitte mit Schnur.

6. Damit die Bogenschnur nicht verrutscht, werden beide Enden des Bogens eingekerbt.

So hält die Wicklung richtig fest:
Lege eine 20 cm lange Schlaufe aus Schnur auf die Mitte des Stockes. Umwickle den Stock mit der Schlaufe von A in Richtung B mit Schnur. Stecke das Ende der Schnur durch die Schlaufe C. Ziehe dieses Ende mit dem Ende D in die Wicklung.

7. An einem Ende wird die Bogenschnur fest in die Kerbe gebunden. In das andere Ende der Schnur knüpfst du eine Schlaufe. Die Schnur muß etwa 15 cm kürzer sein als der Stock.

B

Schnur

D

A

C

Wicklung

8. Nun wird der Stock leicht gebogen und die Schnur mit der Schlaufe in die Kerbe gehängt.

Holzbeil

2. Suche dir ein dickes Stück Holz in Beilform.

Haselnußstock, Holzstück
Schnur, Taschenmesser

Holzstück

Schnur

Stock

1. Schneide dir einen Haselnußstock auf etwa 30 cm Länge zurecht und verziere ihn mit Schnitzereien.

3. Binde das Stück Holz mit der Schnur fest an den Stock. Wie du die Kordel am besten wickelst, siehst du auf der Zeichnung.

Wald- und Wiesenschmuck

Eicheln, Ahornnasen
Stöckchen, Nüsse
Tannenzapfen
Bucheckernfrüchte und
-schalen, Blätter
Getreideähren, Grashalme
Blumen, Hagebutten…

1. Ordne die verschiedenen Pflanzen und Früchte so an, wie du sie später als Kette haben möchtest. Du kannst sie bunt zusammenstellen oder zu einem bestimmten Muster anordnen. Aber auch nur eine Sorte sieht sehr schön aus.

2. Fädle ein etwa 50 cm langes Stück Zwirn in eine Nadel.

3. Durchsteche die einzelnen Pflanzen und Früchte und fädle sie auf.

23

4. Du mußt darauf achten, daß die Kette lang genug ist, damit dein Kopf hindurchpaßt. Verknüpfe die beiden Fadenenden miteinander.

Auf die gleiche Weise kannst du auch Armbänder und Kopfkränze basteln.

24

Wasserrad

Astgabeln, gerade Stöcke
Baumrinde, Schnur
Taschenmesser

2 Astgabeln für die
Halterung der Achse

4 Rindenstücke als
Wasserschaufeln

1 Ast 40 cm lang als Achse

2 Äste 30 cm lang als Schaufelträger

„Es klappert die Mühle am rauschenden Bach –
Klipp, Klapp, Klipp, Klapp, Klipp, Klapp…" Klappern
kann dein Wasserrad nicht, aber dafür dreht es
sich munter. Stelle es mitten in einen Bach, je kräf-
tiger das Wasser sprudelt, desto schneller dreht
sich das Rad.

1. Wenn du dein Wasserrad verzieren willst,
schnitze die Muster in die Rinde, bevor du mit
dem Zusammenbau beginnst.

2. Löse die Rinde in den Astgabeln und an den
Enden der Achse. So dreht diese sich besser.

3. Schneide die Rindenstückchen auf **eine** Größe
zurecht.

25

4. Spalte die Achse in der Mitte an zwei gegenüberliegenden Stellen.

5. Schräge die Schaufelträger an den Enden ab.

6. Schiebe je einen Schaufelträger mit dem schrägen Ende zuerst durch je einen Spalt der Achse.

8. Spalte die Schaufelträger an den Enden und klemme die Rindenstücke hinein.

Rindenstück

mit Schnur umwickelt

7. Umwickle die Schlitzenden fest mit Schnur.

9. Umwickle dicht hinter den Schaufelrädern den Ast mit Schnur.

10. Stecke die Halterung in den Boden und lege die Achsen so hinein, daß die Schaufeln das Wasser berühren.

26

Holunderhüpfer

Holundermark
Zigarrenkiste
durchsichtiger Plastikdeckel
1 Stückchen Fensterleder
„d-c-fix" oder Buntpapier
Wasserfarben, Watte
Nadel und Faden, Schnur
Klebefilm, Taschenmesser

„Es tanzt ein Bi-Ba-Butzemann in unserem Kreis herum…"
Bei deinem Spiel sind es Holunderfigürchen, die munter im Kreise hopsen, wenn du mit einem kleinen Lederbeutel kräftig über den Plastikdeckel reibst. (Diesen bekommst du an der Salat- oder Käsetheke im Supermarkt.)

1. Suche einen Holunderzweig mit viel Mark. Entferne die Rinde und das Holz um das Holundermark und löse das Mark vorsichtig heraus.

2. Schneide aus dem Holundermark verschiedene Formen aus.

3. Denke dir Figuren aus, lege die passenden Teile zusammen und bemale sie.

4. Verbinde die einzelnen Teile mit Nadel und Faden.

Woher bekommt man eine Zigarrenkiste? Ganz einfach: in jedem Tabakwarengeschäft! Manchmal sind noch nicht alle Zigarren aus einer Kiste verkauft, dann mußt du ein paar Tage warten, bis eine Kiste leer wird.

7. Schneide ein kleines Viereck aus dem Fensterleder.

8. Lege einen Wattebausch hinein und binde das Leder so zusammen, daß ein kleiner Beutel entsteht.

5. Löse den Deckel von der Zigarrenkiste und beklebe diese mit „d-c-fix" oder Buntpapier.

6. Befestige den Plastikdeckel mit Klebefilm an der Zigarrenkiste.

Lege die Figürchen in die Kiste und reibe mit dem Lederbeutelchen ganz schnell über den Deckel. Die Figürchen beginnen zu hüpfen und zu tanzen.